*Jürgen Volbracht*
***Man kann gar nicht so viel denken,
wie es schwierig ist.***

Jürgen Volbracht

# Man kann gar nicht so viel denken, wie es schwierig ist.

*Volliegedichte*

Bibliografische Information der Deutschen
Nationalbibliothek:
Die Deutsche Nationalbibliothek verzeichnet diese
Publikation in der Deutschen Nationalbibliografie;
detaillierte bibliografische Daten sind im Internet über
http://dnb.dnb.de abrufbar.

© 2014 Jürgen Volbracht
Satz, Umschlaggestaltung, Herstellung und Verlag:
BoD – Books on Demand
Titelgraphik: Alfons Holtgreve
ISBN: 978-3-7322-6767-5

**Volliegedichte**

Seit mehr als vierzig Jahren nennen meine Freunde mich liebevoll Vollie. Meine Gedichte hätten ohne sie nicht entstehen können. Aber natürlich auch nicht ohne mich. Also Gedichte von, für, über, mit Vollie – Volliegedichte eben.

## Sizilianischer Wein
(oder der Nährboden wahrer Philosophie)

Ob es
auch bei dem
antiken sizilianischen Philosophen
Gorgias
am Wein lag,
dass er verkündete
»es existiert nichts«,
weiß ich nicht.
Bei meinem Freund
Horst
war ich mir dessen
sicher,
als er
nach zwei Flaschen
schwerem Rotwein
sein philosophisches Credo
vortrug:
So viel denken
kann man gar nicht,
wie
es schwierig ist!
Ein wahrer
Skeptiker

**LIEBE**

## Die Liebenden

Sie sind
wie schwarz und weiß,
erst wenn
sich beide mischen,
erkennt man sie
als Paar.

## Trennungslehre

Entfernung
mal Dauer
gleich Sehnsucht
im Quadrat!

## Apple-Träume

Manchmal
möchte ich ein
Mac sein.
Dann
würde ich dir
täglich mehrfach
in die Augen schauen
und du
mich mit der Mouse
streicheln.
Von Zeit zu Zeit
würde ich mich
aufhängen,
um dann
nach dem Neustart
dein glückliches Gesicht
zu sehen!

## Der Knall

Du
warst der Knall,
wir
die Lawine.

## Gefühlsterror

Ich
brauche keinen Körperscanner,
um
die gefährlichen Zonen
an ihr zu erkennen.
Ich
schließe die Augen.

## Tierisch

Der Bär
bärt,
die Biene
bient
und
alles nur,
damit es der Liebe
dient,
wie es sich geziemt.

## Liebeskriminologie

Brich mir das Herz!
Verdreh mir den Kopf!
Raub mir den Atem!
Und ich –
bestrafe dich
mit lebenslänglich,
ohne Gnade!

## Ent-Scheidung

Geht
nur
gemeinsam.

## Colgate-Connection
oder
## Liebe geht durch die Tube

Ich glaube
fest daran,
dass es Liebe ist,
wenn sie
die Zahnpastatube
offen lässt
und ich
an sie denke.
Beim letzten Streit
war sie zu.

## Im Namen der Rose Lilli

Heute
liebe ich
sogar
ihre Stacheln.
Spitzer Schmerz,
süße Lust.

## Tut euch nicht weh

Auch wenn ihr
eine harte Schale habt.
Gerade dann
fühlt Mensch
nicht,
wenn die Erschütterung,
die Schläge
das weiche Herz
trifft,
bis es stirbt
und nur
harte Schale
bleibt.

# Der Abgang des Dr. N.

Er hat sich
selbst
aus der Rolle
geschrieben.
Statt
Familienstar –
Knallcharge.
Der Vorhang fällt.
Kein Applaus,
nur Pfiffe.

## Tochters letzter Gruß

Auch wenn
Du
oft nur Liebe
für Dich hattest,
hatte ich
immer die Hoffnung,
Dich
in meiner Liebe
wiederzufinden.
Bis zuletzt,
solange Du
lebtest.

## Herbstfrau (Lilly im Oktober)

Die Sonne
steht tiefer
und
leuchtet weich,
gold und purpurrot.
Die Engel
der Kindheit
backen nun die Plätzchen
für den Tee
am Nachmittag
des Lebens.

**Für Valeria**

Wenn er
geht,
dann geht er,
auch
wenn er weh tut –
geht er
wenn Weh noch bleibt –
ist er gegangen
und
vergangen.
Vergiss ihn!

# Meine Frau hat Geburtstag

Verdammt,
die Zeit
könnte kommen,
wo
nicht mehr
so viele Geburtstage kommen werden.
Egal,
wir haben heute schon
mehr Geburtstage
gemeinsam
als allein gelebt.
Warum sollte
ein solches Glück
überhaupt jemals enden?

## Meine Liebe

Warum,
meine Liebe,
liebe ich
meine Liebe
nicht immer
wie meine Liebe?
Meine Liebe,
es scheint,
meine Liebe
ist manchmal
nur meine Liebe
und nicht
Du – meine Liebe.

## Für Akki und Detlef
(oder umgekehrt)

Wenn
man sich
auseinander-
setzt,
sieht man
mehr.

## Märtyrer

Mit dem
letzten Tropfen Blut
würde ich
sie
verteidigen,
wenn ein
Autofahrer
sie angreift,
nur weil sie ihm
den Parkplatz
weggenommen hat.
Liebe
ist nicht
gerecht,
aber irgendwie
richtig!

## Schöner Kapitalismus

Felizitas,
mehr wert
als ein Blick.

## Mein bester Freund

Klar
bist Du
gemeint!
Aber
ganz allein
bist Du nicht.
Ich liebe Euch,
mein bester Freund.

## Der tote Sohn ist traurig

Er
hat es nicht verdient,
dass die Mutter
trauert.
Ein Sohn
will immer nur
ihr Glück –
weit
über den Tod hinaus.
Ohne Reihenfolge,
ihre Liebe
bleibt.

## Trostversuch

Sie
ist noch da –
nur grad nicht mehr hier.
Ihr
werdet euch wiederfühlen –
schon bald,
glaub –
mir.

## Gefährliche Liebe

Ich
liebe diese Zeit
allein.
Sie gehört mir
und
dem Bier.

# Jasper away
## oder
## Weihnachten 2007

Der Sohn
entrinnt,
die Mutter
weint,
der Vater
trinkt!
Ob er weiß,
was er da
spinnt?!

## Männerfantasie

Früher
hätte ich
als König
für dein Lächeln
einen Krieg geführt
und wenn ich
darin gefallen
wäre,
wärst du
meine trauernde Königin!

## Venedig im Herbst

Lagune,
Kanäle,
Paläste
und
der Atem
von Jahrhunderten.
Fehlt nur –
dein Lachen.

# Komischer Zustand

Ich will
nicht sagen Liebe,
aber es war
auf den ersten Blick!

## Gefährliche Drohung

Du,
das drohe ich dir an
und das ist
nicht zum Lachen,
davor musst du
dich schon vorsehen,
wer weiß, was geschieht,
und da redest du
mir nicht herein!
Verdammt noch mal,
ich liebe dich!

## Scheinriesenherz

Je weiter
weg
ich von
ihrem Herz
bin,
umso größer
wird es
und ruft mich
zurück.

## Spiegellieberei

Die Spiegel
beim Friseur
brachten
ihre schönen Augen
mir nah.
Tatsächlich
trennten uns
30 Jahre
und 100 Kilogramm.

**GLAUBE**

## Jesus' Babybett

Es
sind mehr
die Strohhalme,
die die Welt
zusammenhalten.
Nur
genug
müssen es sein!

## Aschenkreuz

Als es
meine Stirn zierte,
meinte ich bereits,
den Phönix in mir
zu spüren.

## Franziskanerbruder Michael

Ein Lachen
für den lieben Gott,
hoffentlich
lacht der
sein Leben lang
zurück.

## **Bruder Josef**

Was
der liebe Gott
bei ihm
an den Ohren
gespart hat,
hat er ihm
mehr ins Herz
gegeben.

Bruder Josef ist taub.

## Frohe Ostern

Jeder
glaubt –
an die Auferstehung.
Jeden Abend –
zum Morgen –
jede Saison –
zur Meisterschaft.
Jeder glaubt
an die Auferstehung,
bis zuletzt.

## Credo (cor do)

Ich glaube an Gott,
glaube ich.
Du bist mein Schöpfer,
glaube ich.
An Dich, meinen Herrn,
glaube ich.
Dein Geist belebt mich,
glaube ich.
Dein Sohn liebt mich,
glaube ich.
Deine Kirche muss sich ändern,
glaube ich.
Ohne Dich kann ich nicht leben,
glaube ich,
und nicht sterben,
glaube ich
zu wissen.

## Curia Romana

Was nützt es,
wenn
der Papst
unfehlbar ist,
aber die meisten
seiner Ratgeber
Idioten?

# KRANKHEIT

## Für Dr. H.
## Kniefall

Wenn
mir mein Knie
mit dem Bandabriss
etwas sagen wollte,
hat es
sich eindeutig
im Ton vergriffen!
So
brutal ehrlich
und
wahrhaftig,
dass es so
nicht
weitergeht,
spricht man nicht
mit mir.
Nicht einmal
ich!

# Krankenbettaussicht

Eine hohe
Fensterreihe oben,
kein Mensch dahinter.

Eine
dreiflügelige breite
Fensterreihe darunter,
kein Mensch dahinter.

Ein Technikraum
auf dem Dach –
Tür darin
immer offen.

Wann
kommt dort
wieder ein Mensch
heraus?

## Verdauung gehabt?

Ich
hätte nie gedacht,
wie anstrengend
es sein kann,
diese Frage
mit »Ja«
zu beantworten.

## Stuhlgang

Das eine Bein
vom Gips
gefressen.
Das andere
zu schwach
bemessen.
Da lernst du
schnell,
den Gang
zum Stuhle lassen
hassen!

## Krankenpfleger/in

Eine Mischung
aus Toyota
(nichts ist unmöglich)
und
Provinzial
(der Schutzengel an ihrer Seite),
aber
im richtigen Leben,
24 Stunden am Tag!

## Meine Physias

Sie
schaffen es,
dass auch ich
glaube,
es sei ein großer
Erfolg,
vier Treppenstufen
mit Krücken
erklommen
zu haben.
Und
sie belohnen mich
mit einem
bezaubernden Lächeln.

## Urinflasche

Die Form
fast Bauhaus,
das Material
transparenter Plast.
Wenn die Blase
drückt,
biste einfach froh,
wenn du sie hast.

## 359

Auf 3 B
im
Dreifaltigkeits-
Köln,
feine Adresse
mit
20 Zentimeter
Knienarbenandenken,
auch
an den
heilenden heiligen Geist.

# Gipsbein

Ist
kein Bein,
ist
schwer und steif,
ist
nur Schein
vom
Bein.
Wenn
es aber stirbt,
wird Bein
wieder heil
sein.

## Hallo Dr. A.

Kennen Sie
mich noch?
Ja, klar,
die Quadrizepssehnenruptur
in
359 am Fenster,
guter Heilverlauf!
Danke Doc.
Das
wollte ich hören!

## Vom Pipi zum Urin

Erst warmer Puller
unterm Schnuller,
dann
stolzer Strahl
am Urinal,
schließlich
folgt Urin
des Alters – Parfum.

## Persönlicher Fortschritt

Mit den Dritten
kann ich
erstmalig
kräftig auf die Zähne beißen.

## Älter werden

Nach dem Höschen
kommt
das Sößchen.

## Frustreim

So
wird es nie mehr
sein
mit dem Bein,
das Alter
ist ein Schwein.

# HOFFNUNG

## 60 Jahre Manni

Da
brauchen andere
100 Jahre
und mehr
für.
Ich gratuliere
Dir.

## Die Stellvertreterin

Vielleicht
hatte er
an Simon Petrus
gedacht,
als er seine Tochter
Simone nannte.
Solange
er
nicht glaubt,
Jesus zu sein,
wird sie
ihn niemals verraten.

## Reisen mit Freunden

Was
ist der Kreml
ohne
die Stimme Horsts davor?
Ziemlich viel
toter Stein.

# Sieg

Ihren
wichtigsten Sieg *
mussten sie
an der Heimatfront
erringen.
Sieg Heil!


* gegen den Krebs

## Chance

Wenn der Wind
der Veränderung
weht,
glauben viele,
den Fahrtwind
Ihres Lebens
zu spüren
und
ändern nichts.

## Sol y Soleo

Dein Lächeln
ist die
kastilische Sonne
auf meinem
tiefen deutschen Boden.
Und
bist du
einmal traurig,
strahlt er die Wärme
dir zurück.

## Sonja

Ein Lachen
für die Welt.
Hoffentlich
denkt die Welt daran,
es zurückzugeben.

## Mein Koch

Eigentlich
ist er gar kein
Koch.
Er macht
meine Steuererklärungen.
Aber
was und wie
er diese
anrichtet,
ist
mal sauer,
mal süß,
niemals
fad.

## Wieder-Sehen

Ja,
plötzlich ist
alles
wieder da!
Kürsats Geburtstag 2010.
Das Schöne
an deinem Geburtstag
ist:
Den
kann uns der Tod
niemals nehmen.
Herzlichen Glückwunsch,
lieber Freund!

## Abschied

Ein Gefühl,
das man gerne
verabschieden würde.

## Die Sonnenbrille

Wollte so gerne
authentisch
sein.
Deshalb
schämte sie sich
ihrer dunklen Gläser.

## Verschiedene Wahrheiten

Du,
sagte sie,
bist ein dickes fettes
Arschloch!
Nein,
erwiderte er
im Brustton der Überzeugung.
Das ist nur
ein winzig kleiner Teil
von mir!

## Kleines Gebet für Nachbar Fried

Nachbar nur!
Warum
nur?!
Freundschaft
pur!
Warum
nur?
Ewigkeit
pur!
Amen.

## Verarscht

Wenn man
die rechte Gesinnung
rausnimmt
aus PRO NRW,
bleibt
als Kern der Po.
Doch wer
wählt schon
Arschlöcher?

## Für Nina

Wenn dein Leben plötzlich
nur noch schwarz ist,
wenn dein Fühlen plötzlich
nur noch Schmerz ist,
wenn dein Weinen plötzlich
ohne Lachen ist,
dann leidest du!
Ich kann dann nur
mitleiden,
in der Hoffnung,
geteiltes Leid
ist halbes Leid
und weiter
mitleiden
ist Viertelleid
und bald
fast kein Leid mehr.

# Jagdsignal der Boulevardpresse
## (oder die Sau ist tot)

Die letzten Wochen
schoss ich
auf ein grobes Schwein.
Gestern Abend
schoss ich
auf ne Sau.
Gestern Abend
traf den Keiler
ich allein.
Jetzt
kann ich
zufrieden sein.
Halali, Halali.


Empfindung zum Rücktritt von Bundespräsident Wulff

# Alles kommt zurück (für Geli)

singt Roger Cicero
hinter mir im Radio.
Auch Du
wirst zurückkommen
ins helle Leben.
Aber
vorher musst Du
Dich fallen lassen,
nicht
einfach so weiterlaufen!
Dann
wirst Du
neu
laufen lernen
vielleicht
etwas langsamer
hier
und etwas schneller
da.
Vielleicht
mal an der Hand,
mal hinterher
statt vorne weg.
Aber immer wieder aufrecht
und bald
mit alter Kraft.

## Zornige Chirurgenscheiße

Er konnte ihr
den Magen nehmen,
aber nicht
die Liebe.
Er konnte ihr
viel Kraft nehmen,
aber nicht
die Freunde.
Er konnte ihr
fast das Leben nehmen,
aber niemals
ihren Glauben daran!

## Jahreswechsel

Die Schuld
bleibt,
gezahlt
wird später.

## Helmut

Es gibt Menschen,
die glaubt man
zu spät kennengelernt
zu haben.
Es sind aber
meist die,
die bis zum Schluss
bleiben.
Da
freue ich mich drauf.

## Trost

Wenn
das Herz ist voller Gram,
die Welt erscheint als Berg voll Harm,
dann nehme ich dich in den Arm!

## Meinetwegen

Wenn die Nacht ruft –
antworte,
las ich
auf einer Reklametafel
in Wuppertal.
Warum nicht?
Dachte ich,
wenn
sie denn ruft.

## Weihnachten 2012

Ein Jahr
mehr Leben
als 2011.
Ein Präsident
weniger,
ein Präsident
mehr,
ein Jahr Zukunft
weniger,
ein Jahr Hoffnung
mehr.
Also
mehr oder weniger
wie immer.

## Falsche Freundschaft

Vor lauter
Gutartigkeit
hätte
sein Tumor
ihn fast erdrückt!

## Endlichkeit

Wir sehnen uns
so oft
»endlich«
sagen zu können.
An uns
denken wir dabei
nicht wirklich.

## Amigo ist tot

Es ist
das Leben selbst,
das wir in unseren Tieren
lieben.
Ihres
und unseres.
Deshalb
hassen wir es so,
wenn sie sterben
und sterben immer
ein wenig mit.

## Politikerversprechungen

Die Regierung
wird
einen heißen Herbst
erleben.
Sie
muss sich
warm anziehen!
Ja was denn nun,
heiß oder kalt?

## Schmuddelwetter

Wenn
der Herbst
die Bäume streichelt,
erröten sie
und
machen sich
nackig.

## Mein kleiner Bruder

Er
ist 50 geworden,
verdammt!
Er
war doch immer
jünger
als ich!

## Ahoi, Dieters letzte Reise

Seemann
wurde er genannt,
im Dorf auf dem Berg.
Die Welt
im Herzen,
liebte er sein Dorf.
Er liebte
die See,
das Leben
und die Menschen.
Auf seiner
letzten Fahrt
möge –
die See ruhig,
das Leben unendlich
und die Menschen
traurig sein.

## Uhrentick

Neue Uhr
gekauft.
Kalender
geht bis
2130.
Das
nennt man
Zukunftsplanung!

## Gute Besserung für Ingrid

Ingrid krank,
eine Schand.
Wir besucht,
wieder gut.
Bis bald.

## Annas Geburtstag

20 Jahre alt.
Ziemlich lange
her
für mich.
Damals
klopfte die Welt
bei einem an.
Heute,
35 Jahre später,
ist es eher
umgekehrt.
Aber
der Weg
dazwischen
ist wunderbar.

# Ich habe nichts zu verbergen

Doch was ist,
wenn sie es
meinem Chef sagen?
Ich habe nichts
zu verbergen.
Aber was ist,
wenn sie es
meinen Kollegen sagen?
Ich habe nichts
zu verbergen.
Was ist aber,
wenn sie es
meinen Freunden sagen?
Ich habe nichts
zu verbergen.
Nur, was ist,
wenn sie es
meiner Familie sagen?
Nein,
ich will nicht,
dass sie wissen,
was ich nicht
zu verbergen habe!

## Lehrerfreunde

Freunde
fürs Leben
und
für ein Dreivierteljahr
im Jahr.

## Chirurgenschicksal

Sie schneiden
das Schlechte
aus den Menschen
heraus –
und können sie
dennoch nicht
besser machen.

## Inge ist tot

Wir müssen
in Zukunft
besonders sorgfältig umgehen
mit deinen Worten,
Küssen, Umarmungen
und deinem Lachen,
es werden hier jetzt
nicht mehr mehr.

## Examen

Wenn es gut geht,
nur noch
Amen.
Der Rest
ist Ex.

## Positiv denken

Der Vorteil
eines besonders großen
Arschlochs
ist,
man kommt besser
raus!

# Shoa

Es war unvorstellbar
und
ist geschehen.
Es ist unvorstellbar
und
wird geschehen,
wenn wir nicht
das Unvorstellbare
uns vor-stellen können.

## Ungeklärt

Von fern
ist alles dunkel,
von nah
ist alles klar,
doch
was ist wahr?

## Polenbesuch 2013

Als ich
zur Schule ging,
hattest Du
kein Gesicht.
Später
trugst Du
eine Sonnenbrille,
dann
einen Schnurrbart.
Erst jetzt
sehe ich
deine ganze Schönheit,
fühle,
dass Du
lebst!

## Freund wird sechzig

Gott sei Dank
bin ich nicht so viel
jünger
als er.
Womöglich
müsste ich mir
sonst Sorgen machen
 – der stirbt mir weg.

## Die Lösung des Flüchtlingsproblems

Erst einmal
retten!
Dann
sehen wir
weiter.

## Dehnbar

Ich beuge hier,
ich beuge da,
Juchheissassa!
Das tut mir gut,
ich mach das Ernst.
Die Reue
ist dabei gering.
Der Körper
passt sich
mir dann an –
und adelt
mich als rechten Mann!
Ich beuge hier,
ich beuge da.
Der Rücken
ist schon kaum noch da!

Impressionen beim Lesen einer Entscheidung eines Landgerichtes.

## Ballon

Je dicker
ich werde,
desto
dünner
wird mein Fell.

## Der Freund des Freundes ist tot

Wenn ein Freund
stirbt,
stirbt immer auch
ein Teil vom Freund.
Doch gleichzeitig
leben wir ganz intensiv
das Leben der Freunde
mit.
Wie zuvor der tote Freund.
Leb wohl,
Clemens!

## Junge Träume

Wenn wir
von alten Zeiten
träumen,
sind wir
und
unsere Lieben
jung.
Wenn wir
dann
die Augen
öffnen,
sind wir
und
unsere Träume
alt.
Wenn wir
dann genauer
nachsehen,
wird
aus einem
Spargeltarzan
plötzlich ein
Jürgenkürbis.

# Leo ist tot

Es waren
nur sechs Jahre,
sein ganzes Hundeleben.
Ich habe
ihn geliebt,
wie man nur
einen Hund lieben kann.
Er gab mir –
was ich mir nahm –
sich selbst.
Lebe wohl,
Leo.

# Grande Dame von der Bech

Ein großes Herz
mit Platz für fast
ein ganzes Jahrhundert
hat aufgehört
zu schlagen.
Ich bin glücklich,
darin eingeladen
gewesen zu sein.
Wer sie kannte,
wird ihre Geschichte
der Liebe
weiterschreiben.
Danke, Frau Herriger!

## Spätes Mädchen*

Es ist
ihr herrlich dreckiges
Lachen,
an dem man(n)
sie erkennt.
Jeder
weiß dann sofort,
sie
kennt alles
vom Leben.
Was
man nicht weiß,
ist,
hat sie
es auch gelebt?

*(für Steffi Neu)

## CL

Wenn jemand
die
Champions League
bereits
im Namen führt,
erwarten alle,
dass er
dort auch spielt.
Und doch
hat er
ohne Mannschaft
keine Chance.

## Was bleibt

Wenn
ich mal nicht
mehr bin –
bleibt ihr.
Das genügt
mir
für hier:
Bis bald –
woanders
als hier.
Bis dahin –
liebt euch
hier.

# Inhalt

Sizilianischer Wein 7

**LIEBE**
Die Liebenden 11
Trennungslehre 12
Apple-Träume 13
Der Knall 14
Gefühlsterror 15
Tierisch 16
Liebeskriminologie 17
Ent-Scheidung 18
Colgate-Connection
oder Liebe geht durch die Tube 19
Im Namen der Rose Lilli 20
Tut euch nicht weh 21
Der Abgang des Dr. N. 22
Tochters letzter Gruß 23
Herbstfrau (Lilly im Oktober) 24
Für Valeria 25
Meine Frau hat Geburtstag 26
Meine Liebe 27
Für Akki und Detlef 28
Märtyrer 29
Schöner Kapitalismus 30
Mein bester Freund 31
Der tote Sohn ist traurig 32
Trostversuch 33
Gefährliche Liebe 34

Jasper away  
oder Weihnachten 2007 — 35  
Männerfantasie — 36  
Venedig im Herbst — 37  
Komischer Zustand — 38  
Gefährliche Drohung — 39  
Scheinriesenherz — 40  
Spiegellieberei — 41  

## GLAUBE
Jesus' Babybett — 45  
Aschenkreuz — 46  
Franziskanerbruder Michael — 47  
Bruder Josef — 48  
Frohe Ostern — 49  
Credo (cor do) — 50  
Curia Romana — 51  

## KRANKHEIT
Für Dr. H. Kniefall — 55  
Krankenbettaussicht — 56  
Verdauung gehabt? — 57  
Stuhlgang — 58  
Krankenpfleger/in — 59  
Meine Physias — 60  
Urinflasche — 61  
359 — 62  
Gipsbein — 63  
Hallo Dr. A. — 64  
Vom Pipi zum Urin — 65  
Persönlicher Fortschritt — 66

Älter werden · 67
Frustreim · 68

## HOFFNUNG
60 Jahre Manni · 71
Die Stellvertreterin · 72
Reisen mit Freunden · 73
Sieg · 74
Chance · 75
Sol y Soleo · 76
Sonja · 77
Mein Koch · 78
Wieder-Sehen · 79
Abschied · 80
Die Sonnenbrille · 81
Verschiedene Wahrheiten · 82
Kleines Gebet für Nachbar Fried · 83
Verarscht · 84
Für Nina · 85
Jagdsignal der Boulevardpresse · 86
Alles kommt zurück · 87
Zornige Chirurgenscheiße · 88
Jahreswechsel · 89
Helmut · 90
Trost · 91
Meinetwegen · 92
Weihnachten 2012 · 93
Falsche Freundschaft · 94
Endlichkeit · 95
Amigo ist tot · 96
Politikerversprechungen · 97

| | |
|---|---|
| Schmuddelwetter | 98 |
| Mein kleiner Bruder | 99 |
| Ahoi, Dieters letzte Reise | 100 |
| Uhrentick | 101 |
| Gute Besserung für Ingrid | 102 |
| Annas Geburtstag | 103 |
| Ich habe nichts zu verbergen | 104 |
| Lehrerfreunde | 105 |
| Chirurgenschicksal | 106 |
| Inge ist tot | 107 |
| Examen | 108 |
| Positiv denken | 109 |
| Shoa | 110 |
| Ungeklärt | 111 |
| Polenbesuch 2013 | 112 |
| Freund wird sechzig | 113 |
| Die Lösung des Flüchtlingsproblems | 114 |
| Dehnbar | 115 |
| Ballon | 116 |
| Der Freund des Freundes ist tot | 117 |
| Junge Träume | 118 |
| Leo ist tot | 119 |
| Grande Dame von der Bech | 120 |
| Spätes Mädchen | 121 |
| CL | 122 |
| Was bleibt | 123 |